D1737534

Para:_____

De:_____

Tambien escrito por Gregory E. Lang:

Porqué una Hija Necesita un Papá

Porqué un Hijo Necesita un Papá

Porqué un Hijo Necesita una Mamá

PORQUÉ UNA HIJA NECESITA UNA MAMÁ

100 razones

GREGORY E. LANG

Cumberland House
Nashville, Tennessee

PORQUÉ UNA HIJA NECESITA UNA MAMÁ
PUBLICADO CERCA
CUMBERLAND HOUSE PUBLISHING, INC.
431 Harding Industrial Drive
Nashville, TN 37211

Diseño de la cubierta: Diseño suburbano inverosímil (Unlikely Suburban Design)
Diseño del texto: Lisa Taylor
Traduccion por: H. Israel Vazquez Gazona

ISBN-13: 978-1-58182-514-5
ISBN-10: 1-58182-514-5

Impreso en United States of America
1 2 3 4 5 6 7 8 — 10 09 08 07 06

Para Becky – Gracias

INTRODUCCIÓN

Mi hija, Meagan Katherine, y yo compartimos una relación cercana, aunque ha cambiado notablemente desde que ella maduro en una joven adolescente. Mi compañera constante, mi socia en el crimen, mi audiencia adorable, mi nina ha llegado a estar menos encantada conmigo desde que entro a la fase inicial de una mujer bonita. Se han ido los días donde nos tomábamos de las manos en público, los besos en los labios, y despertar para encontrar que ella había estado escondida bajo mi cubrecama durante la noche. Estos gestos estimados del cariño ahora se reemplazan con toques breves y distintos, discurso pequeños, su necesidad de privacidad, y la amonestación impaciente ocasional: «Papá, yo no soy una chica pequeña ya».

Lucho con sentimientos de pérdida, y en tiempos no puedo resistir el impulso para suplicarle a mi hija para que confié en mí, para decirme qué pensamientos ocupan su mente y qué sentimientos golpean su corazón. Cuándo ella no lo hace, bajo la cabeza y me preocupo que algo ha acontecido entre nosotras, convencida de que nunca jamás seremos como éramos una vez. A veces me preocupo que ya no pueda identificarme con lo que mi niña necesita o de entender por qué ella actúa como lo hace. Estos pensamientos ocurren cuando estoy sola y mi juicio se en núblese por mi pena. Le doy gracias a Dios por momentos de la claridad, me aliento cuando yo se que estos cambios no son para desconcertarme a fin de cuentas, son, de hecho, lo que se debe esperar y lo que se debe apoyar, verdaderamente intento que mi niña llegue a ser la mujer fuerte e independiente que espero. Es entonces cuando acepto que un papá no puede ser el *todo* a su hija. Es entonces que veo tan claramente que ella necesita a su madre, también.

Becky, mi ex esposa, y yo hemos estado divorciados casi diez años, y nosotros compartimos la custodia junta de nuestra única niña. Meagan vive una parte del tiempo conmigo, con su mamá, y después conmigo. Becky y yo vivimos a sólo unas millas de distancia. Tenemos llaves de nuestros hogares, hablamos en el teléfono a menudo, comemos juntos de vez en cuando, negociamos acuerdos acerca de imponer reglas de casa o extender privilegios nuevos, disputaos acerca de lo que quizás hagamos diferentemente en nuestra relación con Meagan, y nos ayudemos uno al otro en su cuidado. Hace mucho tiempo nosotros concordamos que aunque nos habíamos renunciado a ser esposos, nosotros *nunca* llegaríamos a ser ex padres. Es como padres que nuestra asociación vive, y es como padres que vencemos nuestros asuntos uno con el otro para encontrar una manera de hacer lo que es mejor para Meagan. Es en ese rol, como socia de crianza, que Becky ha sido muy valiosa para mí, especialmente ahora que aprendo a aceptar que mi hija ya no es no una pequeña niña.

A si como mi relación con Meagan ha cambiado, así también lo ha sido en relación con su madre. Ahora siendo su confidente de confianza, Meagan goza de conversaciones largas y entusiasmadas por teléfono con su madre, discuten de chicos, las riñas entre amigas, las noticias de la celebridad, o la último show de la televisión de la realidad. Ahora su especialista de moda, Meagan y su mamá compran en las tiendas por horas, se arreglan el cabello y las uñas, y concuerda que cuando una chica empaca maletas, ella debe de incluir una selección abundante de zapatos, «por si acaso». Ahora como su puerto preferido de fortaleza, Meagan acude a su madre para consuelo, protección, y para comprensión. Como mujer, es lo que Becky puede comprender que yo no puedo, como mamá, es lo que Becky puede dar lo que yo no puedo darle. Admito que miro ocasionalmente sobre su relación con una poco de celo, pero también siempre con la alegría y la satisfacción profunda de que lo que ha llegado a ser. Su relación es no sólo buena para ellas, pero para mí también. Es después de una llamada por teléfono en la noche de Becky, explicándome lo que yo no pude haber consolado acerca de alguna inseguridad paternal, que estoy agradecido de que ella es la madre de mi niña.

Una hija necesita a una mamá por muchas razones, y por la muy natural diferencia entre hombres y mujeres, algunas de estas razones nunca podrán ser totalmente claras para mí, pero eso no anula su importancia esencial en la vida de una chica. Las hijas necesitan una mamás para ayudarles a entender lo que le acontece a su cuerpo, para enseñarle a tomar decisiones sanas con respecto a los chicos, para mostrarles cómo cuidar de sí mismas, cómo cuidar de sus niños, y cómo cuidar de su matrimonio. Las hijas necesitan mamás porque ellas entienden que a veces las lágrimas vienen por ninguna razón, que estar de mal humor pueden significar simplemente nada de nada, ese chocolate es una necesidad, que lo tonto es divertido, y que no todo debe de ser práctico ni de acuerdo a un horario. Las hijas necesitan mamás porque los papás no pueden ser el todo para ellas. Las hijas necesitan mamás para ayudarles a crecen en mujeres maravillosas con el potencial que tienen.

No soy madre, ni soy una hija, y por lo tanto en las mentes de algunos quizás no este equipado para escribir este libro. Sin embargo, soy un observador astuto de relaciones humanas, y soy un miembro de una familia. Mi familia, compuesta de un papá, de una madre, y de una hija , no es diferente a muchas, incluye risa y las lágrimas, abrazos y argumentos, sorpresas y desilusiones, dar y recibir, sacrificios y recompensas. Aunque ella viva en dos casas, Meagan tiene una familia porque su madre y yo la criamos juntos, la amamos juntos, y nos arreglamos uno con el otro en su beneficio. Es por eso que le tengo gratitud a Becky por ayudarme a darle a Meagan un sentido de la familia por el cual escribí este libro. Espero que la historia de nuestra familia anime a otros ex esposos para reunirse alrededor de sus niños y abrazar el papel que ellos comparten como padres, y al hacer esto, darles a sus hijos una completa experiencia familiar, aunque en dos hogares. Con este libro espero darles causas a las hijas y mamás para celebrar lo que es extraordinario y especial acerca de su relación. Espero también que Meagan sepa que entiendo, acepto, y la apoyo al crecer en una mujer que alcanzar más allá de lo que ella necesita. Y finalmente, con este libro, yo le digo a Becky, gracias. Gracias para darme un obsequio tan maravilloso, nuestra niña. Gracias por ser una mamá magnífica, dando a Meagan lo que yo no puedo. Y gracias para continuar como mi socia y darme amistad cuando la más la necesite.

PORQUÉ UNA HIJA NECESITA UNA MAMÁ

Una hija necesita una mamá

para darle memorias que duraran para siempre.

UNA HIJA NECESITA UNA MAMÁ

quien nunca esta mas lejos que una
llamada por teléfono.

Una hija necesita una mamá

porque nadie entiende a las niñas como la mamá.

UNA HIJA NECESITA UNA MAMÁ...

quien le ayude a interpretar el lenguaje de los chicos.

a quien le cuente su de primer beso.

quien le enseñe que el ser de clase siempre esta de moda.

para prender las luces del patio cuando
sea hora de entrar a la casa.

UNA HIJA NECESITA UNA MAMÁ

para hacerle saber que la hermosura nunca se desvanece si miras en los lugares correctos.

UNA HIJA NECESITA UNA MAMÁ

quien crea que esta bien el ver las cosas
de una manera diferente.

UNA HIJA NECESITA UNA MAMÁ ...

quien le recuerde de decir cosas buenas
cuando se hable así misma.

quien le enseñe a amar a sus amigos,
no importa lo que hagan.

quien le de valentía para defenderse.

para enseñarle que cuando nada parece ir bien,
puede hacer algo normal.

Una hija necesita una mamá

para enseñarle a cocinar.

UNA HIJA NECESITA UNA MAMÁ

quien sepa como relajarse y divertirse.

UNA HIJA NECESITA UNA MAMÁ...

quien le enseñe el arte de la conversación.

quien le enseñe a ser una señorita.

para decirle que no tenga miedo de tomar el momento.

quien le señale que hay una deferencia
entre ser venturosa y ser salvaje.

Una hija necesita una mamá

quien pueda jugar a su nivel.

UNA HIJA NECESITA UNA MAMÁ

porque hay algunas cosas que los papas no aguantan.

UNA HIJA NECESITA UNA MAMÁ

para leerle.

UNA HIJA NECESITA UNA MAMÁ

quien le enseñe a dar a los demás.

Una hija necesita una mamá

quien le ayude en su boda.

UNA HIJA NECESITA UNA MAMÁ

quien la recoja cuando se caiga.

Una hija necesita una mamá...

quien sobe el dolor del corazón quebrantado.

quien la prepare para lo que enfrentara cuando salga del hogar.

quien le enseñe que a veces el esperarse es una buena idea.

quien le enseñe que no puedes hacer que alguien te ame,
pero puedes ser alguien quien puede ser amado.

UNA HIJA NECESITA UNA MAMÁ

quien le enseñe a ser juguetona, no importando
cuantos años tenga.

Una hija necesita una mamá

quien le recuerde que en los días malos no esta sola.

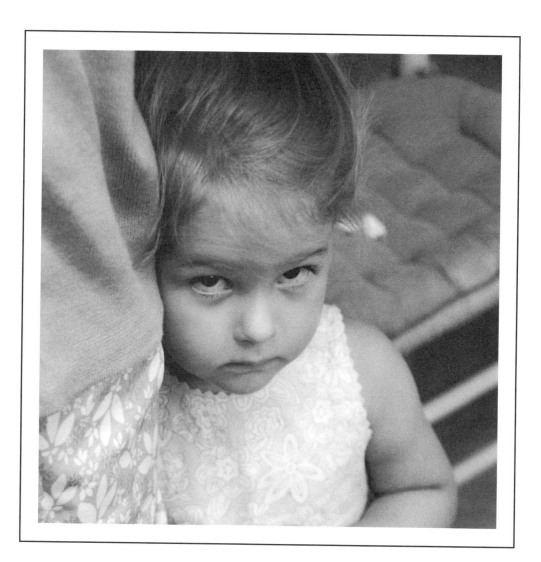

UNA HIJA NECESITA UNA MAMÁ

quien la proteja de extraños.

UNA HIJA NECESITA UNA MAMÁ

quien le recuerde a reservar tiempo y energía
para ella misma.

UNA HIJA NECESITA UNA MAMÁ...

quien la cargue cuando este cansada.

quien le muestre el consuelo del abrazo caluroso.

quien la duerma con el canto.

quien le enseñe a reírse de si misma.

UNA HIJA NECESITA UNA MAMÁ

quien le ayude a escoger un vestido para el baile.

UNA HIJA NECESITA UNA MAMÁ

quien le comparta la sabiduría de las generaciones.

Una hija necesita una mamá

quien la apoye a ser lo que ella quiera ser.

Una hija necesita una mamá...

quien le enseñe que aun el amor verdadero
toma compromisos.

quien le diga que esperar de un buen hombre.

quien la prepare para convertirse en una espos.

quien le enseñe a criar una familia.

UNA HIJA NECESITA UNA MAMÁ

quien le enseñe a amar a alguien con todo su corazón.

Una hija necesita una mamá

quien le explique como ponerle limites a los chicos.

UNA HIJA NECESITA UNA MAMÁ...

quien le enseñe como usar el buen humor
para hacer cargas ligeras.

quien le enseñe a ponerle algo de amor a todo lo que hace.

quien le diga que no deje que el orgullo se interponga
para perdonar a alguien.

quien la anime a hacer agradecida.

Una hija necesita una mamá

quien le ayude a ver que la muerte es parte de la vida.

Una hija necesita una mamá

quien le enseñe a verse lo mejor posible.

Una hija necesita una mamá

quien le enseñe a no esperarse hasta mañana
para decir «lo siento».

Una hija necesita una mamá...

quien le enseñe a colorear dentro de las líneas.

quien le enseñe a poner en uso lo que ya tiene.

quien se asegure de que siempre reciba algo por correo.

quien le diga que esta bien el no ser totalmete femenina.

UNA HIJA NECESITA UNA MAMÁ

quien le enseñe hacer del agradecer un habito.

Una hija necesita una Mamá

quien le enseñe que cada árbol
toma tiempo para crecer.

UNA HIJA NECESITA UNA MAMÁ

quien la anime a reírse lo más seguido que pueda.

UNA HIJA NECESITA UNA MAMÁ

quien le de la libertad para expresarse como ella quiera.

UNA HIJA NECESITA UNA MAMÁ

quien sepa como poner una sonrisa en su rostro.

UNA HIJA NECESITA UNA MAMÁ

quien pueda escuchar de cercas sus problemas.

UNA HIJA NECESITA UNA MAMÁ...

para compartir con alguien la emoción de si primer amor.

a quien le pueda compartir sus ilusiones.

quien le quiera ayudar a cumplir sus deseos realidad.

quien la ame por quien es.

Una hija necesita una mamá

quien le enseñe que se debe de conocer
mejor que nadie mejor.

Una hija necesita una mamá

quien nutra su imaginación.

UNA HIJA NECESITA UNA MAMÁ

quien le muestre que el entusiasmo de la vida es contagioso.

UNA HIJA NECESITA UNA MAMÁ...

quien le enseñe que el camino recorrido es igual
de importante que el destino.

quien le enseñe que su cuerpo es un templo.

quien le enseñe la deferencia entre el amor y la lujuria.

quien le recuerde que hay un arco iris después del la tormenta.

UNA HIJA NECESITA UNA MAMÁ

quien consienta su individualidad.

UNA HIJA NECESITA UNA MAMÁ

quien le enseñe que ella es responsable
de su propia felicidad.

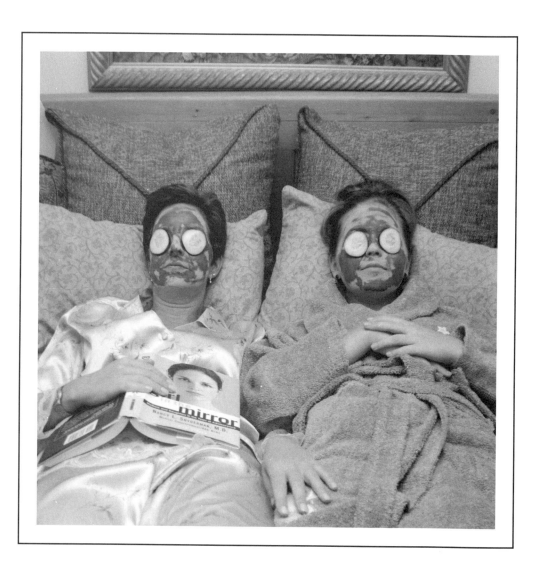

Una hija necesita una mamá

quien le recuerde que tiene el derecho
de consentirse debes en cuando.

Una hija necesita una mamá...

quien le diga que el camino de la felicidad
no siempre es derecho.

quien le explique que la flor más dulce no es
siempre la más bonita.

quien inculque en ella paciencia.

quien nunca se canse se agarrarse de las manos.

UNA HIJA NECESITA UNA MAMÁ

quien pueda leer la expresión de su rostro.

Una hija necesita una mamá...

quien nunca se detenga de mostrar afecto.

quien cante con ella cuando su canción
favorita sale en el radio.

quien no pierda su identidad dentro
del papel de esposa y madre.

quien le muestre con ejemplos que el
envolverse en la comunidad es algo digo de hacer.

UNA HIJA NECESITA UNA MAMÁ

quien le enseñe a cuidar de los niños.

UNA HIJA NECESITA UNA MAMÁ

quien le enseñe que la vida no se puede rehacer
sino cambiar como termine.

UNA HIJA NECESITA UNA MAMÁ

quien le enseñe a levantar su voz en la alabanza.

UNA HIJA NECESITA UNA MAMÁ...

quien le enseñe a arreglarse el cabello.

quien le diga que las contiendas son muy gravosas para cargar.

quien le recuerde que en la fe hay confraternidad.

quien le asegure que siempre tendrá un hogar al cual llegar.

Una hija necesita una mamá

quien le enseñe que la mujer no esta atada al hogar.

Una hija necesita una mamá...

quien se asegure de que guarde un corazón justo.

quien la consuele en medio de sus lagrimas.

quien la rete a esforzarse para tomar lo que esta aun alcance.

quien le diga del lugar especial que ella
tiene en su corazón.

Una hija necesita una mamá

quien le enseñe a no dejar que un buen día
se le escape de las manos.

UNA HIJA NECESITA UNA MAMÁ

porque sin ella su vida tendrá menos de lo
que ella se merece.

Reconocimientos

Este libro no se pudiera haber escrito sin el apoyo y la generosidad de muchas personas. Doy Gracias en especial a las hijas y mamás que compartieron sus historias conmigo y que llegaron a ser mis amigas durante este proceso, y que me ayudaron a encontrar el corazón de la cuestión, las razones profundas y casi interminables de por qué una hija necesita una mamá. Fui tocado profundamente por el amor que presencié en el tiempo que pase con usted.

También quiero dar gracias mi hija, Meagan Katherine, y a su amiga Lauren Heusel, que me ayudaron a cerciorarse que este libro tuviera «el toque femenino», y la administración de gran Escuela cristiana de Atlanta, que me ayudó una vez más a reclutar familias para tomar parte en crear este libro.

Finalmente, quiero darle gracias Ron Pitkin y el personal de Cumberland House, pero especialmente mi redactor, Lisa Taylor. Lisa, en este quinto libro que hemos completado juntos, puedo decir sinceramente que tu has agregado estilo a los libros y los hiciste mejor que lo que me imaginé. Puedan todos mis redactores ser tan agradable para trabajar como tu. Tienes mis profundos respetos y mi calurosa apreciación.

Para contactar al escritor

escribanos a los publicadores:
Cumberland House Publishing
431 Harding Industrial Drive
Nashville, TN 37211

greg.lang@mindspring.com